Karen Meier-Ebert · Catrin Rötzmeier

Das Weihnachts-ABC

Die schönsten Dekoideen für die festliche Zeit

BLOOM'S by Ulmer

Willkommen im Advent!

Die Vorweihnachtszeit ist eine ganz besondere Zeit! Sie ist vollgepackt mit schönen Bräuchen, leckeren Rezepten und unvergesslichen Familienerlebnissen. Der ganze Advent bietet Zeit, Haus und Wohnung festlich zu schmücken, in der heimischen Weihnachtswerkstatt Geschenke vorzubereiten, Baumschmuck zu basteln, Zimtsterne und würzige Lebkuchen zu backen und sich vor dem Kamin in Geschichten aus früherer Zeit zu vertiefen. Dieses Weihnachts-ABC hat etwa so viele Kapitel, wie der Advent Tage bis zum Heiligen Abend zählt. Jeder Buchstabe öffnet Ihnen ein weiteres kleines Türchen in die schöne Welt der Advents- und Winterdekoration und macht Lust, alte Traditionen wieder neu zu entdecken. Lassen Sie sich inspirieren und genießen Sie **Weihnachten von A bis Z!**

Adventszeit

„Advent, Advent, ein Lichtlein brennt!“ – mit dem Anzünden der ersten Kerze beginnt im Dezember, in manchen Jahren bereits im November, die besinnliche Adventszeit. An jedem Sonntag leuchtet ein weiteres Licht, mit dem der Raum heller und das Weihnachtsfest näherrückt. Ein ums andere Kerzchen strahlt gegen die Hektik und Unruhe an, die häufig die Wochen vor Weihnachten prägen. Dieser schöne Brauch, der uns die dunkle Jahreszeit erhellt, stammt aus dem Jahr 1839. In einer Erziehungsanstalt in Hamburg schmückte vor mehr als 170 Jahren der erste Adventskranz der Welt, in Form eines Wagenrades, den Saal. Der Theologe Johann Hinrich Wichern wollte den Kindern die Adventszeit als Weg ins Licht verdeutlichen und entzündete an jedem Dezembertag eine Kerze mehr: So brannten am Weihnachtsabend auf dem Kranz vier große weiße für die Adventssonntage und kleine rote Kerzen für die Werktage. Kurz darauf verbreitete sich die Idee in Deutschland und darüber hinaus, und fand als verkleinerter Adventskranz mit vier Kerzen seinen Weg in unsere Häuser.

Warm ums Herz! Ein Adventskranz mit rotem Wollfilz und Kerzen in Strickoptik wirkt urgemütlich und ist schnell gemacht. Ein Zopf aus Wolle ist leicht geflochten und um den Mooskranz gelegt. Der wird mit langen Hagebutten- und Thujazweigen geschmückt und mit getrockneten Apfelscheiben versüßt.

Der drall gewickelte Kranz aus Zweigen wirkt fast wie ein großes Vogelnest. Rundherum sind einzelne grüne Wacholderspitzen, Lärchenzapfen und mit rotem Wachs überzogene Fruchthülsen in den Kranz gearbeitet.

Zauberhafter Dezember

Glücksbringende Weihnachten! Mit Fliegenpilzen, roten Holzanhängern und Fundstücken aus dem Wald wird der natürlich wirkende Adventskranz aus Efeu und Kiefernnadeln zum wahren Schmuckstück! Zapfen und Kiefernäste unterstreichen den Waldcharakter.

Barbarazweige

Es ist ein kleines Wunder! Mitten im Winter öffnen sich die zarten **Blütenknospen** der Barbarazweige und zaubern Leben, Farbe und einen Hauch von Frühling in die dunkelste Zeit des Jahres. Werden die Triebe pünktlich am 4. Dezember, am Tag der Heiligen Barbara, geschnitten und im Warmen ins Wasser gestellt, blühen sie meist pünktlich zum Weihnachtsfest. In manchen Regionen ist es im Dezember üblich, dass jedes Familienmitglied einen knospigen Trieb mit seinem Namen versieht. Der Zweig, der als erstes erblüht, bringt seinem Besitzer im kommenden Jahr besonders viel Glück. Im hektischen Alltag geraten diese schönen alten Bräuche immer mehr in Vergessenheit. Dabei kann man gerade die Tradition der zierlichen Blütenzweige mit wenig Aufwand wieder aufleben lassen. Zum Schnitt für die Vase eignen sich viele Blütengehölze aus dem Garten, die vor dem Blattaustrieb blühen, wie Kirsch-, Apfel- oder Pflaumenzweige, aber auch Äste von Forsythie, Kornelkirsche oder Weißdorn.

„Es ist ein Ros entsprungen, aus einer Wurzel zart …“ ist ein beliebtes Weihnachtslied, das der Legende nach der Trierer Mönch Laurentius zu Ehren der Winterblume gedichtet haben soll, die er an Weihnachten im verschneiten Wald entdeckte. Die Christrose, botanisch *Helleborus niger,* ist noch heute ein beliebter Winterblüher, der seine charakteristischen weißen Schalenblüten mit den gelben Staubblättern von Dezember bis Februar zeigt. Im Garten ist sie eine langlebige immergrüne Staude, die wegen der frühen Blütezeit auch Schneerose oder Lenzrose genannt wird. Nach dem Verblühen färben sich die weißen Blüten grünlich und sehen immer noch dekorativ aus. In Bayern findet man die frostharte Christrose sogar noch wild wachsend in Buchenwäldern. Im Haus ist der Winterblüher besonders zur Weihnachtszeit eine beliebte Schnittblume. Seine weißen, purpur- und rosafarbenen Sorten lassen sich mit immergrünen oder silberlaubigen Pflanzen schön zu festlichen Arrangements verarbeiten und sehen zur kalten Jahreszeit auch auf der Terrasse zauberhaft aus.

Christrose

In der dunklen und kalten Jahreszeit, pünktlich zum Weihnachtsfest und zur Wintersonnenwende, sind die großen Schalenblüten und das glänzende Grün der Christrose ein Versprechen der Natur: Der Frühling kommt gewiss und er ist nicht mehr weit!

In einen leichten Weidenkorb gepflanzt, mit Wurzeln und Ästen verziert, lässt sich die Christrose flexibel verwenden. Tagsüber bekommt sie einen Platz auf der Terrasse, sodass sie auch vom warmen Sofa aus gut zu sehen ist. In eisigen Nächten wird sie einfach nah ans Haus gerückt.

Wie in einem Nest sitzen die weißen Christrosen in der flachen Schale auf dem Terrassentisch. Eingefasst von immergrünem Spindelstrauch, graulaubigem Silberblatt und Zapfen sind sie den ganzen Winter attraktiv und noch weit über Weihnachten hinaus ein Blickfang.

Christrose

Die zarten, rosafarbenen Blüten der Orientalischen Christrose bilden einen schönen Kontrast zum Kübel aus Beton und der kalten, steinernen Umgebung. Eingehüllt werden die Winterblüher von Mühlenbeckie und getrockneten Thymianzweigen – sie bieten Schutz und verbinden optisch Umgebung und Bepflanzung.

Schönheit im Schnee

Duft

Weihnachten liegt in der Luft! Überall riecht es nach Orangen und leckeren Plätzchen, nach Tannengrün und Kaminfeuer und manches Mal zieht auch der unwiderstehliche Duft von Bratäpfeln, gebrannten Mandeln und Zimt in die Nase. Fremdländische Gewürze spielen seit jeher in der Adventszeit eine große Rolle, denn was wären Weihnachtsplätzchen und heißer Punsch ohne Zimt, Kardamom oder Vanille? Die Vielfalt der Gewürze, die an Weihnachten erinnern, ist groß, und Exotisches wie Anis, Nelken oder bunter Pfeffer sind heute selbstverständlich und leicht zu bekommen. Im Mittelalter waren sie jedoch sehr kostbar und rar, denn sie mussten von weit her geholt werden. Zu einem besonderen Anlass, wie dem Weihnachtsfest, wurden sie auch damals schon reichlich verwendet. Pfeffer war übrigens seinerzeit ein Überbegriff für alle exotischen Gewürze, deshalb trägt zum Beispiel der Pfefferkuchen noch heute seinen Namen.

Der Winter und die Weihnachtszeit haben einen ganz besonderen Duft: Plätzchen im Ofen, aromatische Räuchermännchen, würziger Glühwein oder der Geruch von Bienenwachskerzen wecken schöne Kindheitserinnerungen und bringen uns im Advent in Stimmung!

Mit Nelken besteckte Orangen verbreiten herrlich weihnachtliches Aroma in der Wohnung. Am besten sticht man mit einem Zahnstocher die Löcher für die Nelken vor. Durch die Wärme der Flammen wird der Duft noch intensiver.

Ein Fest für die Sinne!

Eine Kerze bringt die dünnen Orangenscheiben, die sich sicher zwischen zwei gläsernen Windlichtern türmen, zum Leuchten. Sie stehen in gemütlicher Runde im Wechsel mit duftenden Zimtstangen und Kiefernnadeln.

Gewürzkuchen

Zutaten: Für den Teig: 250 g Margarine, 200 g Zucker, 250 g Mehl, 5 Eier, 1 Pck. Backpulver, 3 EL Kakao, 200 g fein gehackte Blockschokolade, $^1/_8$ l Rotwein, je nach Geschmack 1–2 TL Lebkuchengewürz, etwas Butter zum Einfetten der Form.
Für die Creme: 200 g Nougat, 150 g Zartbitterschokolade, 150 ml Sahne

Zubereitung: Margarine, Zucker und Eier schaumig rühren. Lebkuchengewürz, Kakao und Schokolade dazugeben. Gesiebtes Mehl mit Backpulver mischen und ebenfalls dazugeben, den Rotwein unterrühren. Den Teig in eine gefettete Kastenform füllen und für ca. eine Stunde im vorgeheizten Backofen bei 170 °C Umluft backen. Abkühlen lassen. Für die Creme Schokolade und Nougat im Wasserbad schmelzen. Die Sahne erhitzen, über die Mischung gießen und alles verrühren. Die Creme etwas abkühlen lassen und den Kuchen damit bestreichen.

Aromabüfett aus Tausend und einer Nacht! Zur Weihnachtszeit sind orientalische Gewürze wie Muskatnuss, Sternanis, roter Pfeffer, Ingwer und Zimt in aller Munde – und Nasen. In einzelnen Schalen auf einem Tablett, zusammen mit Kerzen arrangiert, sind sie auch fürs Auge ein Genuss.

Mit einem duftenden Mantel aus Orangenschalen, Apfelscheiben, Zimt, Ingwer und Sternanis werden einfache Einmachgläser schnell festlich eingekleidet. Aufgefädelt wird mit glänzendem Kupferdraht, der zu den orangefarbenen Kerzen passt.

Engel

Durch viele Jahrhunderte, Kulturen und Religionen hat sich die Vorstellung von Engeln bis heute gehalten. Sie gelten als Vermittler zwischen Gott und dem Menschen und werden deshalb mit Flügeln oder Schwingen dargestellt. Hin und wieder tragen sie, symbolisch für ihre **himmlische Herkunft,** einen Heiligenschein aus Licht und meist ein weißes Gewand. Vor allem in der Adventszeit haben Engel eine besondere Bedeutung. Sie werden in vielen Weihnachtsliedern besungen und zieren als Rauschgoldengel oder als hölzerne Anhänger den Tannenbaum. Man findet sie auf Tischdecken, Christbaumkugeln und der Weihnachtspost – und natürlich an der Krippe. Denn es war ein Engel, der Maria und den Hirten die Geburt Jesu verkündete.

Frost

Mütze, Schal und Handschuhe nicht vergessen und dann nichts wie raus in die weiße **Wunderwelt des Winters!** Vielleicht ist der See bereits zugefroren und verführt Schlittschuhläufer zum Drehen von Pirouetten, oder eine Schlittenfahrt im Pulverschnee lockt nach draußen. Nichts sorgt in der Vorweihnachtszeit mehr für Stimmung, als ein frostig kalter Tag und leise rieselnde Schneeflocken. Selbst wenn die wunderschönen sechseckigen gefrorenen Kristalle nicht bis zum Weihnachtsfest halten, freuen wir uns doch über jeden Tag, den die Landschaft mit der weißen Pracht überzogen wird. Und für viele Pflanzen bedeutet eine Schneedecke sogar Schutz vor der klirrenden Kälte. Während sich die Welt draußen in Eisblumen hüllt, bleibt drinnen endlich Zeit für gemütliche Stunden, in denen Ruhe einkehrt. Jetzt ist der richtige Moment für einen heißen Tee oder Punch und ein gutes Buch vor dem Kamin. Der eine oder andere blättert vielleicht in einem Märchen und trifft auf alte Bekannte, wie Frau Holle und Väterchen Frost.

Wenn die Kälte noch auf sich warten lässt, verleiht Eisblumenspray Dosen, Flaschen und Windlichtern einen verblüffend echt wirkenden Mantel aus Frost. Selbstklebende Foliensterne hinterlassen schöne Umrisse.

Rein in die warme Stube, Schneeflocken! Mit einzelnen Kristallen aus Moosgummi beklebt und mit Schneespray überzogen, werden einfache Gläser zu winterlichen Vasen. Schön, wenn sich die Schneesterne an winterlich kahlen Zweigen noch einmal wiederfinden.

Wenn es besonders festlich werden soll: Statt eines klassischen Tischgestecks kann eine Reihe aus silbernen, winterlich glänzenden Vasenwürfeln die Tafel schmücken. Hierin finden neben den Kerzen auch frische Blüten wie Alpenveilchen oder Amazonaslilie, Beeren und Gräser in Steckschaum Halt.

Eissterne und Schneeflöckchen

Frost

Ein Tablett voller gesammelter Winterschätze! In frostweißen Vasen und Gläsern kuscheln sich Gräserwedel, Beeren, Blüten und formschöne Blätter aneinander. Mit Kerzen, etwas Kunstschnee und Eisgranulat wird das Potpourri ein echter Blickfang.

Ein Glitzern und Leuchten zaubern schnell gemachte Teelichthalter aus Silberdraht auf den Tisch. Die Spirale wird am Ende mit einem geschliffenen Glasanhänger geschmückt, der das Kerzenlicht feierlich reflektiert.

Eisige Windlichter sind mit transparenter Window Color schnell gemacht. Wer die Sterne nicht frei zeichnet, kann kleine Vorlagen von innen ins Glas kleben und einfach nachzeichnen. Streuglitter gibt den letzten glitzernden Schliff.

Die fast transparenten Wachskugeln wirken wie dünnes Eis. Für diese zarten Gefäße werden Luftballons mit Wachs bestrichen und dann zum Platzen gebracht. Im Innern ist Raum für eine große Orchideenblüte.

Glanz und Transparenz

Aus dem Reich der Schneekönigin. Kleine durchscheinende Dekosterne wirken wie klare Eiskristalle und bringen selbst schlichte Teelichter auf die Schnelle zum Strahlen und Funkeln.

Gold

Nur das Kostbarste war den drei Weisen aus dem Morgenland für das Christuskind gut genug: So brachten sie als Geschenk zur Geburt Jesu Gold, Weihrauch und Myrrhe mit in den Stall. Von den damals sehr wertvollen Gaben, hat eines auch nach 2000 Jahren seinen Wert nicht verloren: Gold! Und bis heute überzeugen die besonderen Eigenschaften dieses kostbaren Edelmetalls. Seine Schönheit, seine Seltenheit und die Unvergänglichkeit üben noch immer eine unvergleichliche Anziehungskraft auf den Menschen aus. Waren Goldschmuck und -kunstwerke damals nur mächtigen Kaisern und Königen vorbehalten, so darf sich heute jeder damit schmücken, der es sich leisten kann. Besonders zur Weihnachtszeit kommt die edelste aller Farben jedes Jahr wieder zu neuen Ehren: Vergoldete Äpfel, Nüsse und Zapfen zieren zusammen mit glitzernden Kugeln, Lametta, funkelnden Sternen, güldenen Schleifen und Engelshaar die Wohnung – und natürlich den Baum. Und der Schein der Kerzen spiegelt sich im festlichen Glanz wieder und wieder ...

In goldenen Schälchen spiegelt sich der festlich geschmückte Tisch. Mit wenig Aufwand glänzt auch ihr Inhalt: Auf Mooskissen thronen einzelne Christrosen und vergoldete Fruchtstände wie Minihagebutten. Steckschaum hält Moospolster und Blüten frisch.

Gold

Prachtvoll und natürlich zugleich! Mit Äpfeln, Nüssen, Zapfen und Beeren aus dem Garten lassen sich zur Weihnachtszeit schöne Akzente setzen. Goldfarbe aus der Sprühdose lässt sie noch edler erscheinen.

Glänzend beleuchtet! Mit goldfarbenem Schlagmetall werden schlichte Windlichter weihnachtlich veredelt. Einfach das Teelichtglas von außen mit Sprühkleber versehen und die Metallfolie vorsichtig andrücken.

Glanz und Gloria für die lange Festtafel: Mit schmalen, aneinander gereihten Tabletts entsteht ein eindrucksvoller, zusammenhängender Schmuck über die ganze Tischlänge. Weiße Rosenköpfe, schwarze Glitzeräpfel und goldene Fruchtstände passen zu den zarten Mustern auf dem Porzellan.

Heiligabend

„Denkt euch, ich habe das Christkind gesehen! Es kam aus dem Walde, das Mützchen voll Schnee …“ Auch wenn niemand weiß, wie das Christkind genau aussieht – liest man die ersten Verse des berühmten Gedichts von Anna Ritter, hat man sogleich ein Bild vor Augen. Ob nun das Christkind oder der Weihnachtsmann die Geschenke bringt, ist von Familie zu Familie verschieden. Die Bescherung wird aber bei allen am Heiligen Abend, meist mit einem geschmückten Weihnachtsbaum begangen. Neben Deutschland, Österreich und der Schweiz feiern auch viele andere Länder die Geburt Christi am **24. Dezember.** Für die meisten gehört der Besuch des Gottesdienstes oder der nächtlichen Christmette zu den weihnachtlichen Ritualen. Besondere Aufmerksamkeit wird an diesem Tag auch dem Essen zuteil. Bei Kartoffelsalat mit Würstchen, Karpfen oder Gänsebraten klingt die Heilige Nacht im Kreise von Familie und Freunden aus.

Ilex

Die **Stechpalme** ist eine der wenigen Pflanzen, die untrennbar mit Weihnachten verbunden ist. *Ilex aquifolium* trägt glänzend grünes Laub und bildet im Herbst leuchtend rote Beeren, die den ganzen Winter an der Pflanze haften und so Vögeln lange als Futterquelle dienen. Ihre fruchtbesetzten Zweige schmückten das Haus zur Adventszeit vermutlich schon lange bevor der Weihnachtsbaum im 19. Jahrhundert Einzug hielt. Während Kelten, Römer und Germanen der Legende nach die immergrünen Blätter der Stechpalme als Inbegriff des ewigen Lebens und der Unvergänglichkeit sahen und ihre Zweige zur Wintersonnenwende gegen böse Geister aufhängten, erklärte die Kirche die Ilexzweige später zum Christussymbol, da die stacheligen Blätter an die Dornenkrone Jesu erinnerten und die roten Beeren an sein vergossenes Blut. Mit ihrem dunkelgrünen Laub und den leuchtend roten Früchten passt die Stechpalme, die auch Winterbeere genannt wird, farblich perfekt in die Weihnachtszeit und sieht in der Vase wochenlang schön aus.

Julbock

Der Weihnachtsbock hat in **Skandinavien** eine lange Tradition. In der Adventszeit findet sich in Schweden, Dänemark und Norwegen in jedem Haus ein solcher, aus Stroh geformter Ziegenbock, in allen erdenklichen Größen: Er schmückt als Anhänger den Tannenbaum oder wird in Lebensgröße nachgebaut und mit bunten Päckchen behängt. Denn der Sage nach war es früher der Julbock, der im Norden zum Weihnachtsfest die Geschenke verteilte. Man stellte ihn sich als dämonisches Tier mit Hörnern vor, das im Wald lebt und den Menschen nur an Heilig Abend erschien. Nach altem heidnischem Brauch sollte der Bock aus Stroh oder Getreide den Wettergott Thor verkörpern und galt somit auch als Fruchtbarkeitssymbol. Heute gilt auch in Skandinavien der Weihnachtsmann als Geschenkeüberbringer – und dennoch hat sich die Figur des Julbocks bis heute erhalten und ist aus der Adventszeit nicht mehr wegzudenken.

Der Julbock ist zur Weihnachtszeit in Skandinavien allgegenwärtig. Der Ziegenbock aus Stroh verbindet den alten heidnischen Erntedankbrauch zur Wintersonnenwende mit den Traditionen des christlichen Geburtsfestes.

Feiern wie bei Pippi Langstrumpf und Michel aus Lönneberga! Rund um den prachtvollen Weihnachtsstern geht es schön natürlich und skandinavisch zu: Rote Beeren, weiße Zweige und hellblau gefärbte Nüsse geben dem rustikalen Korb einen festlichen Rahmen.

Ein feiner Kranz aus zierlichen blauen Schneeball- und roten Skimmiabeeren ist schnell auf Draht gewickelt. Er wird mit Lärchenzapfen und blauem Schmuckband verziert. Auf weiß getünchten Ästen und einer weißen Tür entfaltet er seine volle Wirkung.

Die Bäumchen aus Zuckerhutfichte und Zweigen sorgen schon vor dem 24. Dezember im Haus für festliche Stimmung. Sie werden mit allerlei geweißten Zapfen, Birkenrinde und großen Holzsternen verziert.

Nordisch natürlich! Der schlichte Kiefernkranz wird mit rustikalen Zweigen und vielen kleinen Kränzen aus Äpfeln, Zapfen und auffällig wasserblau gefärbten Nüssen geschmückt. Sie wirken spielerisch arrangiert und machen den Kranz lebendig.

Gruß aus Lönneberga

Kleine Tassen mit hübschen Motiven lassen sich kurzerhand in unkonventionelle Kerzenhalter verwandeln. Hierfür einfach Steckschaum in den Becher geben, mit Moos bedecken und die Kerzen mit Draht feststecken.

So schön verpackt wirkt die Zuckerhutfichte fast wie ein Geschenk. Der Rand des Flechtkorbs wird mit Birkenrinde erweitert, der Übergang einfach mit bunter Wolle verdeckt. Einzelne Sterne purzeln verspielt über den Rand.

Ein eindrucksvoller Hängekranz im Schwedenlook braucht rote Kerzen, bunte Bänder und viel Natur. Der Strohkranz wird mit Bändern umwickelt, die in der Mitte mit Zweigen als Schweif runterhängen dürfen. Rustikale Holzanhänger tänzeln im Kreis um ihn herum.

Wenn die Tage kürzer werden beginnt die gemütlichste Zeit des Jahres. Wir richten uns in der Wohnung behaglich ein, zünden den Kamin an oder setzen uns bei **Kerzenschein** und einer heißen Tasse Tee zusammen. Keine künstliche Beleuchtung kann die Kraft und Stimmung von Kerzenlicht überstrahlen. Das Flackern einer Kerze oder das Knistern von Feuer wird als beruhigend und entspannend empfunden, denn es strahlt angenehme Wärme aus. Die Hektik des Alltags verklingt und Ruhe kehrt ein. Um gut durch die dunkelste Zeit zu kommen, füllen wir den Dezember mit Licht: Auf dem Adventskranz wird Sonntag für Sonntag eine Kerze nach der anderen angezündet, auf dem Tisch dreht sich lautlos ein Flügelrad im warmen Luftzug der Flammen und lässt im Schattenspiel eine Winterlandschaft am Betrachter vorbeiziehen. Als Höhepunkt im weihnachtlichen Lichterspiel erstrahlt an Heilig Abend dann der Tannenbaum in vollem Glanz.

Kerzenlicht

Warmer Kerzenschein

Ein festlicher Lichterbaum, der von Innen strahlt und ganz ohne Tannengrün auskommt. Das Herz dieses Bäumchens besteht aus zugeschnittenem Steckschaum, der mit weißem Papier und einer Lichterkette umwickelt wird. Darüber spinnt sich ein Geflecht aus Draht mit Zapfen, geweißten Zweigen, silbernen Perlen und Silberblattschoten.

Wenn's schnell gehen soll: Die Kerzendeko im frostigen Look ist fix gemacht und gelingt garantiert. Ein schlichtes Glas wird einfach mit transparentem Granulat gefüllt und ein Teelicht eingesetzt. Am besten gleich in Serie fertigen.

Zauberhaft wie Eis und Schnee! Ganz schlicht aber wunderschön stehen schlanke weiße Kerzen in einer Backform. Steckschaum hält sie aufrecht, darüber liegt eine zarte Decke aus gläsernen Eiskristallen.

Aus einer mehrdochtigen Kerze im Glasgefäß wird ein stimmungsvolles Winterlicht. Um das Glas wird ein Mantel aus Schneewatte gelegt und ein zarter Kragen aus Schmuckband, silbernem Zierdraht, Wacholdergrün und weißen Schneebeeren aufgesetzt.

Lebkuchen

Wenn sich der Abendhimmel im Winter rot färbt, weiß jedes Kind, die Engelchen backen Plätzchen. In der märchenhaften **Weihnachtsbäckerei** entstehen all die wohlschmeckenden Herzen, Sterne, duftenden Springerle und saftigen Lebkuchen, die uns die Wartezeit bis zum Weihnachtsfest versüßen. Seinen wirklichen Ursprung hatte der Lebkuchen aber wohl schon vor einigen tausend Jahren im alten Ägypten. Dort erhielten die Pharaonen gesüßtes Brot als Grabbeigabe für ihre Reise ins Jenseits. Im Mittelalter wurde das Gebäck aus Honig und Gewürzen von Nonnen und Mönchen gebacken. Es war wegen der heilenden Wirkung des Honigs und seiner langen Haltbarkeit beliebt und wurde für schlechte Zeiten gelagert und dann von den Klöstern verteilt. Heute beinhaltet Lebkuchen neben Honig meist auch Zucker und natürlich immer noch orientalische Gewürze wie Zimt, Koriander, Ingwer, Muskat oder Anis. Verfeinert wird der Pfefferkuchen mit kandierten Orangen, Mandeln, Nüssen oder Schokolade.

Knusper, knusper, knäuschen ... Der Advent ist die richtige Zeit für einen Ausflug ins Märchen- und Schlaraffenland! Das gemeinsame Backen, Bauen und Verzieren eines Lebkuchenhauses beflügelt die Fantasie großer und kleiner Zuckerbäcker.

Zutaten: Für den Lebkuchenteig: 80 g Zuckerrübensirup, 80 g Honig, 180 g brauner Zucker, je eine Messerspitze gemahlenen Zimt, Nelken, Piment und Kardamom (oder fertiges Lebkuchengewürz), 250 g Butter, 1 TL Natron, 1 Prise Salz, 600 g Mehl, 80 ml Wasser. Zur Verzierung: 2 Eiweiß, 300 g Puderzucker

Zubereitung: Wasser mit Rübensirup, Honig und Zucker aufkochen. Gewürze und gewürfelte Butter mit einem Schneebesen unter die Zuckermasse rühren, Natron und Salz zugeben und kurz abkühlen lassen. Anschließend Mehl unter die Masse kneten, den Teig mit Frischhaltefolie abdecken und über Nacht kaltstellen. Den Teig in kleinen Portionen auf einer bemehlten Arbeitsfläche ausrollen und ausstechen. Lebkuchen auf einem mit Backpapier ausgelegten Blech im vorgeheizten Backofen bei 180 °C ca. 15 Minuten backen. Auskühlen lassen. Das Eiweiß steifschlagen und den Puderzucker nach und nach dazugeben. Wer will, färbt einen Teil der Mischung mit etwas Fruchtsaft ein. Den Zuckerguss mithilfe eines Spritzbeutels auftragen.

Honigsüßes Gewürzbrot

Knusperhaus

Von Anis bis Zimt – ein Lebkuchenhaus beherbergt ein ganzes Alphabet an Gewürzen. Für den Bau braucht man ein bisschen Zeit, doch das fertige Haus sieht wochenlang hübsch aus und ist zudem eine schöne Geschenkidee. Aus dem Grundrezept für Lebkuchen einfach eine Bodenplatte formen und Hausfront, Rückseite, zwei Seitenwände und Dachhälften ausschneiden. Türen und Fenster nicht vergessen. Nach dem Backen noch einmal die Konturen nachschneiden und auskühlen lassen. Zunächst die Hauswände mit Zuckerguss auf der Bodenplatte befestigen und eine Stunde trocknen lassen. Dann das Dach, Fensterläden und die Tür ankleben und zuletzt das Haus von außen mit dem restlichen Zuckerguss gestalten.

Weißer Glanz

Beim Lebkuchenhaus dient der Zuckerguss als Mörtel und auf dem Dach als Schnee und süße Eiszapfen. Klassische Lebkuchen erhalten durch eine Mischung aus Eiweiß und Puderzucker ihren besonderen Charme. Mit einer Spritztüte lassen sich feine Bilder und dekorative Muster auf die Honigkuchen malen. Mit Loch und Faden zum Aufhängen werden sie ruckzuck zum süßen Baumschmuck. Wer Selbstgebackenes verschenken will, kann die süßen Lebkuchen auch mit Namen und kleinen Botschaften verzieren.

Lebkuchen

Mistel

Nach alter englischer Tradition darf, wer unterm **Mistelzweig** steht, geküsst werden! Dieser weit verbreitete Brauch erfreut sich vor allem rund um Weihnachten großer Beliebtheit. Auch die Franzosen hängen die Mistel auf und wünschen sich mit und unter ihr Glück, traditionell in der Silvesternacht. Bestimmt, weil der immergrüne Lebenskünstler genau im Dezember sein Feststagskleid aus dekorativen weißen Beeren trägt und dann besonders reizvoll aussieht. *Viscum album* heißt die kugelige Schmarotzerpflanze botanisch. In der Natur haftet sie am liebsten an Laubbäumen, wie Pappel oder Apfelbaum, und trotzt Jahr um Jahr Trockenheit, Wind und Frost. Besonders im Winter, wenn die Bäume karg und farblos dastehen, beeindrucken die grünen Kugeln hoch oben in den Baumwipfeln schon von Weitem. Die heimische Pflanze, die bereits Kelten und Germanen mit ihrer vielseitigen Zauberkraft imponierte, fasziniert auch heute noch als magische winterliche Dekoration.

Vögel haben Mistelbeeren zum Fressen gern. Die Kerne streifen sie an der Baumrinde ab, wo im nächsten Jahr eine neue Pflanze wächst. Im Haus nutzen Glasvögel den Mistelkranz als Winterlandeplatz. Die Zweige einfach auf einen Drahtring wickeln, so bleiben sie in Form.

Zu einem schlichten Strauß haben sich frisches Mistelgrün mit Beeren, filigranes Schleierkraut und weiß getünchte Kiefernzapfen zusammengefunden. Er wirkt wie mit Schnee bedeckt und bringt in einer weißen Vase lange Winterfreude auf die Fensterbank.

In der Natur trotzen die immergrünen Blätter der Mistel Eis und Schnee. In der Silberschale bilden sie ein dekoratives Bett für filigrane Wintersterne und eine selbstgemachte Eisblume – aus hölzernen Wäscheklammern!

Winterzauber mit Tradition

Einfach und schön! Das sanfte Licht einer weißen Kerze dringt durch das filigrane Geäst der Misteltriebe. Sie werden mit Band einfach um ein Einmachglas gebunden. Mit etwas Dekoschnee und knallgrünen Äpfelchen wird das Winterleuchten richtig stimmungsvoll.

Schon im Mittelalter wurde die Mistel wegen ihrer Zauberkraft verehrt. Über Zimmertüren hingen ihre Zweige zum Schutz vor bösen Geistern. Mit Spitzenband und silbernen Glaszapfen verziert, sorgt sie auch heute noch für gute Stimmung im Haus.

Gruß aus der Küche! Die Zutaten für diese Dekoration hat fast jeder im Schrank: In einer Suppenschüssel werden Mistelzweige, Moos und kleine Äpfelchen arrangiert. Die Kerze steht in einem alten Löffel, der mit Heißkleber an einen schweren Stein geklebt wird.

Nikolaus

Am Abend vor dem Nikolaustag sind alle Kinder aufgeregt, denn **großer Besuch** wird erwartet! Als Vorbereitung werden Stiefel und Schuhe geputzt und gut sichtbar vor oder neben der Tür aufgestellt. Wann kommt er nur? Wird man hören, wie er die Stiefel mit Süßigkeiten, Geschenken und Nüssen füllt? Seine Schritte? Ein Klopfen? Als Kind würde man am liebsten die ganze Nacht wach bleiben, lauschen und warten – doch irgendwann wird doch geschlafen. Am nächsten Morgen, dem 6. Dezember, ist die Freude dann groß: Der Nikolaus war da! Meist wird noch im Schlafanzug inspiziert, was im Stiefel steckt und gleich die erste Leckerei vernascht. Der Vater dieses schönen Brauchs ist der heilige Nikolaus, der im 4. Jahrhundert nach Christus Bischof von Myra war. Bekannt geworden ist er als Helfer in der Not, der Güte in die Welt gebracht und Wunder getan haben soll. Er war ein Wohltäter und gilt heute noch als großzügiger Geschenkebringer! Heimlich, bei Nacht, oft begleitet von einem Knecht, füllt er, je nach regionalem Brauch, Stiefel, Strümpfe oder Gabenteller kleiner und großer Kinder.

Da wird der heilige Mann aber staunen! Einen farbenfrohen Empfang bereiten ihm fröhlich bunt geringelte Gummistiefel, die ein Festkleid aus Häkelspitze und sternverzierten Schnürsenkeln tragen. Gefüllt wird das Schuhwerk mit einem Strauß Anemonen, der in einem Glas mit Wasser steht.

Wie frisch durch Schnee gestapft wirkt dieser flauschige Nikolausstiefel aus Zauberwatte. Er wird aus Draht geformt, mit der Watte umlegt und mit Pompon-schnur umwickelt. Aus dem Schaft lugt ein grüner Schopf aus Nadeln und Christrosen hervor. Wasserröhrchen halten die Blüten frisch.

In den grünen Stiefelchen, ganz aus natürlichen Materialien, hat der Nikolaus Spuren hinterlassen. Der Schuh wird aus Draht geformt und mit Zimtstangen, Äpfelchen und Stechwinden-Spargel umwickelt. Rote Beeren, Nüsse und Süßigkeiten zieren den Rand.

Die Wundertüte zum sechsten Dezember, mit Weihnachtsstern und nostalgischen Stiefeletten verziert, macht lange Freude. Denn die Pflanze mit den prachtroten Hochblättern steht im Topf und blüht bei guter Pflege wochenlang.

Oh du fröhliche …

„Alle Jahre wieder…“ stimmen wir uns mit tradionellen Liedern auf die besinnliche Weihnachtszeit und den Heiligen Abend ein. Ob „Oh du fröhliche …“, „Morgen, Kinder, wird's was geben“ oder „Kling Glöckchen klingelingeling“, der Schatz überlieferter **Weihnachtslieder** ist groß. Aber auch internationale Hits wie „Jingle Bells“ oder „I'll be home for Christmas“ werden jedes Jahr aufs Neue zum Ohrwurm und sind Teil des weihnachtlichen Zaubers. Die eingängigen Melodien sprechen die Gefühle an und machen uns gerade in der Adventszeit besonders emotional. Viele Kinder lernen schon im Kindergarten und in der Schule die ersten Stücke und zelebrieren das Singen in der Gemeinschaft. Häufig ist es auch noch Tradition, dass am Heiligen Abend im Kreis der Familie gesungen oder gemeinsam musiziert wird. Das macht Weihnachten zu einem einzigartigen Fest.

er
zu
er leuc
zu
er leucht da - her zu
er leucht da - her zu

Wer viele Freunde und Bekannte hat, hat im Advent reichlich zu tun. Denn dann ist die Zeit für liebe **Weihnachtsbotschaften.** Die langen Schlangen, die sich im Dezember vor den Postschaltern bilden, zeigen auch im Zeitalter von E-Mail und SMS die Beliebtheit dieser Tradition. Und die Mühe lohnt sich, denn wen herzliche Weihnachtspost erreicht, der weiß, dass jemand an ihn denkt und wird die Geste gern erwidern. Die Freude ist besonders groß, wenn uns Freunde und Familie selbst gebastelte Weihnachtskarten oder einen persönlichen Jahresrückblick senden. Bei guten Nachrichten sind der Kreativität keine Grenzen gesetzt: Liebe Zeilen auf schmuckvollem Briefpapier, selbst gebastelte Grußkarten mit Fotos oder dekorativ verpackte Weihnachtspakete sind fester Bestandteil der Vorweihnachtszeit. Besonders stimmig wird die Post, wenn sie mit weihnachtlichen Briefmarken versehen wird. Hübsch aufgereiht oder dekorativ auf dem Gabentisch arrangiert, sehen bunte Päckchen und Karten festlich aus und tragen zur Vorfreude bei.

Post

Rezepte

Willkommen in der **Weihnachtsküche!** Mit dem Dezember beginnt die Zeit der großen und kleinen Vorbereitungen und damit auch die Zeit des Kochens und Backens. Alte Familienrezepte werden hervorgeholt und zu neuem Leben erweckt. Verlockende Düfte nach Bratäpfeln, Glühwein und Gänsebraten ziehen durchs Haus. Vielleicht wird das eine oder andere Festtagsgericht schon einmal ausprobiert und noch verfeinert. Für Kinder lässt sich die Vorweihnachtszeit alljährlich mit Plätzchenbacken etwas verkürzen. Kleine Naschkatzen und Weihnachtsbäcker erschaffen mit originellen Ausstechern eine süße Welt aus Sternen, Engeln, Rentieren, Tannenbäumen und Schneemännern. Mit glitzernden Perlen, Schokolade und farbigem Zuckerguss werden die selbst gebackenen Kekse zu kleinen kulinarischen Kunstwerken. Wenn sie bis zum Fest noch nicht vernascht wurden, können sie Weihnachten, in hübschen Schachteln und Dosen verpackt, verschenkt werden.

Festlicher Gänsebraten

Zutaten: eine küchenfertige Gans (ca. 4 ½ kg), 250 g weiche Butter, 8 EL Salz, 4 große Äpfel (Boskoop), 300 g Backpflaumen, 100 g gewürfelter Speck, 2 TL Zucker, 5 EL getrocknetes und geriebenes Schwarzbrot, Pfeffer aus der Mühle, etwas Honig

Zubereitung: Die Pflaumen über Nacht in Wasser einweichen. Die Gans waschen, trockentupfen, innen und außen mit Salz und Pfeffer einreiben und über Nacht im Kühlschrank ruhen lassen. Die Äpfel klein schneiden, das Wasser von den Pflaumen abgießen und diese zu den Äpfeln geben. Zucker, geriebenes Brot und Speck dazugeben und gut vermischen. Die Gans mit der Mischung füllen, zunähen und von außen mit Butter einreiben.

Das Wasser in den Bräter füllen und die Gans mit der Brustseite nach oben auf den Rost im Bräter legen. Im vorgeheizten Ofen bei 200 °C Umluft etwa vier Stunden braten. Alle 20 bis 30 Minuten mit Butter bestreichen. Für die letzten zehn Minuten im Ofen den Braten mit etwas Honig bestreichen und den Deckel abnehmen. Anschließend die Gans nochmals 30 Minuten außerhalb des Ofens, mit geschlossenem Deckel, ruhen lassen. Serviertipp: Am besten passen dazu Rotkohl und Kartoffelklöße.

Winterlicher Punsch

Zutaten: (für ca. 6 Gläser) 1 l fruchtigen Rotwein, ¾ l schwarzer Tee, 75 g Zucker, 1 Pck. Vanillezucker, Saft von 2 Zitronen, 1 Stange Zimt, 5 Gewürznelken, je 2 Sternanis und Kardamomkapseln, evtl. 100 ml Rum

Zubereitung: Tee zubereiten. Danach Rotwein, Zitronensaft und Gewürze hinzugeben. Alles noch einmal erhitzen, aber nicht zum Kochen bringen, da sonst der Alkohol verdampft und sich der Geschmack der Gewürze verändert. Die Mischung einige Zeit ziehen lassen, anschließend durch ein Sieb abgießen. Den Punsch warm servieren und je nach Geschmack mit Rum verfeinern.

Walnussecken

Zutaten: (für ca. 24 Stück) Für den Teig: 200 g Walnüsse, 1 TL Backpulver, 1 TL Zimtpulver, 2 große Bio-Limetten, 100 g getrocknete Aprikosen, 2 Oblaten (ca. 12 x 20 cm), 1 Ei, 100 g Rohrzucker. **Für die Verzierung:** 100 g Puderzucker, 1 EL Butter, 24 Nusshälften

Zubereitung: Die Walnüsse im Blitzhacker fein mahlen, mit Backpulver und Zimt mischen. Die Limetten heiß waschen, abtrocknen und die Hälfte der Schale fein abreiben. Den Saft (ca. 60 Milliliter) auspressen, zwei Esslöffel abnehmen und für die Glasur bereitstellen. Limettensaft und -schale zusammen mit den Aprikosen im Blitzhacker fein zerkleinern. Den Backofen auf 130 °C Umluft vorheizen. Das Backblech mit Backpapier auslegen und die Oblaten darauf verteilen. Das Ei und den Rohrzucker mit dem Schneebesen des Handrührgeräts auf höchster Stufe in ca. fünf Minuten dickschaumig schlagen. Alle vorbereiteten Zutaten unterheben. Die Masse gleichmäßig auf die Oblaten streichen. Im Backofen ca. 35 Minuten backen. Den Puderzucker, den übrigen Limettensaft und die Butter in einem kleinen Topf unter Rühren erhitzen. Das Blech aus dem Ofen nehmen, Teig in Rechtecke schneiden und sofort mit der Glasur bestreichen. Mit Walnusshälften verzieren.

Zutaten: **(für ca. 40 Stück)** **Für den Teig:** 225 g Mehl, 125 g gemahlene Haselnüsse, 75 g Zucker, 100 g kalte Butter, 1 Ei, 1 Prise Salz. **Für die Füllung:** 100 g weiche Butter, 75 g gemahlene Haselnüsse, 75 g Puderzucker, 2 EL Rum. **Zur Verzierung:** ca. 40 ganze Haselnüsse, etwas Puderzucker

Zubereitung: Mehl, gemahlene Nüsse, Zucker, Ei, Salz und die Butter in Flocken zu einem Mürbeteig verkneten. In Frischhaltefolie wickeln und 30 Minuten in den Kühlschrank stellen. Für die Füllung die gemahlenen Haselnüsse in einer Pfanne ohne Fett unter Rühren anrösten, bis sie duften. Abkühlen lassen. Butter, Puderzucker und Rum mit dem Handmixer cremig rühren. Die gerösteten Haselnüsse dazugeben und glatt rühren. Zugedeckt in den Kühlschrank stellen. Den Ofen auf 160 °C Umluft vorheizen. Den Teig auf einer bemehlten Arbeitsfläche 2–3 Millimeter dick ausrollen. Etwa 80 Kreise ausstechen, auf ein Blech mit Backpapier legen und ca. zwölf Minuten backen. Die Plätzchen komplett abkühlen lassen. Die Creme in einen Spritzbeutel füllen und damit je zwei Kreise zusammensetzen. Die Doppeldecker mit einem Tupfer Creme und einer ganzen Nuss dekorieren und mit Puderzucker bestäuben. Die Plätzchen bis zum Verzehr kühl lagern.

Mozartkrapfen

Leckere Bratäpfel

Zutaten: 4 große Äpfel (Boskoop), je 2 EL Rosinen, Mandelsplitter und gehackte Walnüsse, 80 g Marzipan, 2 EL Butter, 1 EL Honig, 1 Prise Zimt, abgeriebene Schale einer ½ Bio-Orange, Butter für die Form

Zubereitung: Äpfel waschen, Kerngehäuse großzügig ausstechen und Deckel abschneiden. Mandelsplitter mit einem Löffel Butter, Marzipan, Honig, Zimt, Rosinen und Walnüssen verrühren. Die Masse in die Äpfel füllen. Die Deckel wieder aufsetzen und die restliche Butter darauf verteilen. Alles in eine gefettete Auflaufform geben. Im vorgeheizten Backofen bei 160 °C Umluft ca. 30 Minuten backen. Serviertipp: am besten mit selbst gemachter Vanillesoße genießen.

Vanillesoße

Zutaten: 3 Eigelb, 4 EL Zucker, 1 EL Stärke, 2 Vanilleschoten, 350 ml Milch

Zubereitung: Die Vanilleschoten längs aufschlitzen und das Mark herausschaben. Eigelb, Zucker, Speisestärke und Vanillemark glatt rühren. Mit Milch aufgießen und die ausgekratzten Vanilleschoten zugeben. Alles erhitzen, aber nicht zum Kochen bringen. Bei schwacher Hitze so lange rühren, bis die Flüssigkeit dick wird. Die Vanilleschoten wieder herausnehmen und die Soße am besten noch heiß servieren.

Zimtsterne

Zutaten: (für ca. 30 Stück) Für den Teig: 400 g gemahlene Mandeln, 300 g Zucker, 3 Eiweiß, abgeriebene Schale einer ½ Zitrone, 1 EL Zimt, ½ TL gemahlene Nelken. Für die Glasur: 150 g Puderzucker, 1 Eiweiß, 2 TL Zitronensaft

Zubereitung: Drei Eiweiß sehr steif schlagen. Mandeln mit Zucker, Zimt, Nelken und der geriebenen Zitronenschale vermischen, Eischnee unterheben und zu einem formbaren Teig verrühren. Die Masse auf Backpapier oder einer bemehlten Arbeitsfläche etwa drei Millimeter dick ausrollen und Sterne ausstechen. Backofen auf 160 °C Umluft vorheizen. Für die Glasur ein Eiweiß steif schlagen und mit Puderzucker und Zitronensaft verrühren. Mit einem Messer die Sterne bestreichen und etwa zwölf Minuten im Ofen backen.

S

Stern

Der Stern ist das bekannteste Symbol in der Weihnachtszeit. Er geht zurück auf den geschweiften **Stern von Bethlehem,** der den Weisen aus dem Morgenland in der Heiligen Nacht den Weg zum Christuskind wies. Es gibt heute unterschiedliche Theorien darüber, was der hell leuchtende Stern von Bethlehem wirklich war: ein Komet, eine explodierende Supernova oder eine außergewöhnliche Begegnung zweier Planeten. Wissenschaftlich lässt sich das helle Leuchten nicht abschließend erklären. Sicher ist aber, dass der Stern als Symbol untrennbar mit der Weihnachtsgeschichte verbunden und Jahr für Jahr beim Fest der Liebe allgegenwärtig ist. Ob aus Holz, Stroh, Wachs, Papier oder süßem Plätzchenteig – der Stern schwebt über der Krippe, hängt als Baumschmuck in der Weihnachtstanne, leuchtet als Herrnhuter Stern im Fenster, verziert Adventskranz und weihnachtliche Gestecke. Und sogar eine Pflanze wird umgangssprachlich Weihnachtsstern genannt: die Poinsettie, botanisch *Euphorbia pulcherrima,* die pünktlich zum Fest in voller Pracht erstrahlt.

Kein Weihnachten ohne Sterne! Dieses Glanzstück ist mit wenigen Handgriffen nachgemacht: Der Weihnachtsstern wird in die Mitte der Schale gepflanzt und mit einem festlichen Kragen aus Zweigen, angedrahteten Kugeln und geweißten Zapfen geschmückt.

Eine hübsche Alternative zum Übertopf, ist ein flauschiger Rahmen in Sternform, der den Winterblüher umspielt. Hierfür wird aus feinem Maschendraht ein Stern geformt und von außen großzügig mit farbiger Sisalfaser umwickelt.

Weich gepackt in zuckersüße Wolken und fluffige Schneeflocken, sieht der rosafarbene Weihnachtsstern einfach himmlisch aus. Wölkchen, Schneewatte und Dekokristall sind angedrahtet und rundherum in die Topferde gesteckt.

Auf der weihnachtlichen Festtafel dürfen Sterne in allen Größen und Formen nicht fehlen. Dazu zählen auch Mini-Weihnachtssterne in Rosa und Hellgelb, die in festlich umwickelten Vasen stehen. Aufs Tablett gesellen sich auch Fröbelsterne aus Papier und sternförmige Kerzenhalter.

Ein Sternenkranz zum Fest! Die frischen Mini-Weihnachtssterne scheinen über dem winterlichen Kranz mit Schneesternen, Silberkugeln und Engelshaar zu schweben. Die kleinen Töpfe werden im Steckschaum eingelassen und die großen Schneekristalle mit Schmucknadeln fixiert. Hohe Stabkerzen wirken dazu besonders elegant.

In der edlen Servierschale hat auf gut einsehbarer Höhe ein kleiner aber feiner Weihnachtswald seinen Platz gefunden. Statt Bäumen wachsen hier Mini-Weihnachtssterne, die von Moos umgeben werden. Im Unterholz aus Eukalyptus und geweißten Zweigen tummeln sich Kugeln und weiße Glasvöglein.

Festliche Sternstunden

Tafelfreuden

Weihnachten ist das Fest der Familie: Dann kommen Eltern, Kinder, Großeltern und Enkel zusammen, es wird gemeinsam gefeiert, geredet, gelacht und viel gegessen. **An einer großen Tafel** sitzt es sich am schönsten. Dort können sich alle zum Festessen versammeln, noch lange danach daran verweilen und den Abend gesellig ausklingen lassen. Eine geschmackvolle Tischdekoration macht die Sache perfekt. Man muss sich nur entscheiden, in welchem Stil die Tafel geschmückt werden soll. Festlich wird ein Tisch ganz in Gold oder Silber, mit edlen Kerzenhaltern, glänzenden Serviettenringen und blinkenden Weihnachtskugeln. Wer es natürlich mag, dekoriert mit Materialien aus der Natur, wie Zapfen, Moos und Zweigen, Äpfeln oder Nüssen. Klassisch wird es mit Kugeln, Schleifen und Bändern in Tannengrün und traditionellem Rot. Kleine Aufmerksamkeiten oder Gastgeschenke am Platz und individuell gestaltete Tischkarten heißen die Gäste herzlich willkommen und geben der Tafel einen festlichen Rahmen.

Unterm winterlichen Sternhimmel lässt es sich mit Familie oder Freunden schön tafeln und bis tief in die Nacht plaudern. Von oben hängen weiße Papiersterne von der Girlande aus Oliven- und Eukalyptuszweigen, unten leuchten weiße Lichttüten.

Tafelfreuden

Plätzchenausstecher mit den Initialen der Namen verraten den Gästen wer wo sitzt. Die kleinen silbernen Buchstaben werden locker und lässig mit grober Kordel ans Besteck gebunden.

Stürzen sich Löffel und Gabeln kopfüber ins Licht, werfen sie ringsherum schöne Schatten auf die Festtafel. Zwei ineinander gestellte Gläser verhindern, dass das gute Silber Schaden nimmt und verhelfen ihm zu neuem Glanz.

Niedliche Kränzchen aus Olivenlaub und glitzernden Mohnkapseln verzieren die stimmungsvollen Lichttüten mit ihren ausgestanzten Sternchen. Zusammen verwandeln sie die Weihnachtstafel in einen Wintertraum aus Licht und Freude!

Winter schnell gezaubert: Einfach kurzgeschnittene Rosen und einen dekorativen Anhänger aus Porzellan ins wassergefüllte Weinglas geben – fertig ist die leichtfüßige Tischdekoration.

Amaryllis und Rosen sagen der Gastgeberin „Danke für die Einladung!". Einen schönen Kontrast bildet der üppige Strauß aus silbergrünen Wacholder-, Oliven- und Eukalyptuszweigen in einer schlichten weißen Papiertüte, die die Vase umgibt.

Unikate

Jedes Jahr stellt sich aufs Neue die Frage: Was schenke ich nur? Womit kann man Familie und Freunden zum Fest eine Freude machen? Ein, zwei **Geschenke** sind schon besorgt, aber dann gehen doch immer die Ideen aus. Wer mag, kann sich in der Vorweihnachtszeit von Geschäft zu Geschäft bewegen und dort inspirieren lassen. Mehr Freude bereiten – dem Beschenkten und dem Schenkenden – selbst gemachte, ganz individuelle Präsente.

Hier könnte die Auswahl nicht größer sein. Klassiker sind selbst gebackene Plätzchen oder kunstvoll hergestellte Pralinen. Originell verpackt, und je nach Vorliebe, mit Nüssen, Marzipan oder Kirschwasser verfeinert, stehlen sie unterm Baum jedem gekauften Paar Socken die Show. In Gläser und Flaschen abgefüllt und hübsch verziert, lassen sich auch selbstgemachter Eierlikör oder Chutneys wunderbar verschenken. Je nach Talent wird zu Weihnachten natürlich auch gebastelt und genäht. Besonderen Wert haben auch aufwändig gestaltete Geschenke, wie ein Fotoalbum, ein liebevoll verfasstes Kochbuch oder ein eigenhändig gefertigtes Adventsgesteck.

Hübsch verpackte Geschenke machen doppelt Freude. Toll, wenn Verpackung und Inhalt harmonieren! Der mit Moos ummantelte Stern hat eine Basis aus Steckschaum. Er wird mit Zieräpfeln, Mistelzweigen und Spitzenband, das auch noch für eine große Schleife reicht, geschmückt.

Zum edlen Feststrauß lassen sich weiße Amazonaslilien und silberlaubige Olivenzweige binden. Statt einer Geschenkmanchette trägt er zu Sternspitzen geformtes silbernes Engelshaar. Werden die Stiele gerade abgeschnitten, kann der Strauß sogar in einer Schale stehen.

Inspiriert von Schnee und Winterwelt, entsteht mithilfe von Steckschaum ein fantastischer Tischschmuck aus Rosen, Mistelbeeren und Wachskraut. Mit Schleifen oder kleinen Deko-Accessoires wird das Gesteck zum perfekten Gastgeschenk.

Windschief aber herzallerliebst: Aus einem Steckschaumkegel wird mit Moos und etwas Zierdraht ein putziger selbst gemachter Miniatur-Baum zum Verschenken. Als Schmuck dienen einzelne Mistelzweige, die weißen Beeren wirken wie kleine Weihnachtskugeln. Ein Ast wird zum Tannenstamm und ein einfacher Übertopf zum Baumständer.

Selbst gemacht ist doch am schönsten! Etwas Zeit, Liebe zum Detail, eine Kerze und Koniferengrün: So leicht kann man seinen Liebsten Freude schenken. Steckschaum hält die Blüten und Zweige frisch und gibt der Kerze Stand.

Ein Weihnachtsstern der besonderen Art ist leicht gemacht und ein außergewöhnliches Geschenk. Den mit Rosen, Moos und Kugeln besteckten Stern zieren gefaltete Blätter der Skimmie. Sie werden mit Ziernadeln am Steckschaum fixiert.

Mit Liebe gemacht!

Mit dem Advent beginnt die Zeit des Wartens. Noch **24 Tage** bis sich die Tür zum Weihnachtszimmer öffnet – für Kinder eine kleine Ewigkeit. In den meisten Haushalten herrscht in diesen Wochen allgemein geschäftiges Treiben. Geschenke werden verpackt und versteckt, es wird gebacken, geschmückt und alles für das Weihnachtsfest mit der Familie vorbereitet. Doch bei den Kleinen wächst von Tag zu Tag die Ungeduld. Um im Dezember die Wartezeit zu verkürzen und sie für die Kinder bildlich und zählbar darzustellen, zeichnete man früher 24 Striche mit Kreide an eine Wand oder Tür im Haus. Bis zum Heiligen Abend durften sie jeden Tag einen Strich wegwischen. Um 1900 entstanden in Deutschland dann die ersten gedruckten Adventskalender, die sich in ähnlicher Form bis heute großer Beliebtheit erfreuen. Neben den konventionellen Kalendern, mit Schokoladenstücken hinter den Türchen, verschönern aber besonders die liebevoll selbst gebastelten und mit Bedacht gefüllten Adventskalender die Vorweihnachtszeit.

Vorfreude

In edlen Tüten, gerollt aus unterschiedlichem Goldkarton, verstecken sich 24 süße Kostbarkeiten für die Liebsten. Damit niemand schummelt, wird die Füllung in weißes Seidenpapier gewickelt und mit dekorativem Band verschnürt.

Es lässt sich schon ahnen, welche zuckersüßen Köstlichkeiten das lilafarbene Seidenpapier in den Kunststoffkugeln verhüllt. An einem alten Bilderrahmen werden die netten Kleinigkeiten mit zartem Chiffonband befestigt.

Die pastellfarbenen Handschuhe aus Filz verbergen kleine Aufmerksamkeiten, die nicht nur die Hände, sondern auch das Herz erwärmen! Durchnummeriert und dekorativ an eine Holzleiter gebunden, werden sie im Advent zum lieblichen Wandschmuck.

Ein verschneiter Baum bringt weiße Weihnachten ins Wohnzimmer! An frostigen Zweigen hängen, neben festlichen Kugeln, 24 kleine Päckchen, mit Sternen verziert. Jeden Tag darf eins vom Baum gepflückt werden.

Mit dem Lieblingsgeschirr entsteht ohne viel Aufwand auch auf die letzte Minute noch ein Adventskalender der besonderen Art. Tassen, Zuckerdose und Teekanne verbergen lauter kleine Überraschungen.

Warten aufs Christkind

Weihnachtsbaum

Fast jeder hat einen, und fast jeder sieht anders aus! Wie der **Tannenbaum** geschmückt wird, ist von Familie zu Familie unterschiedlich. Die Tradition, zur Weihnachtszeit einen Nadelbaum im Haus, in Kirchen oder auf öffentlichen Plätzen aufzustellen, geht auf den heidnischen Brauch zurück, sich mit grünen Zweigen vor bösen Geistern zu schützen. Gleichzeitig gab das Grün Hoffnung auf die Wiederkehr des Frühlings. Ab dem 19. Jahrhundert verbreitete sich der Weihnachtsbaum von Deutschland aus in der ganzen Welt. Meist wird der Christbaum kurz vor Heilig Abend aufgestellt und geschmückt. Sein Fuß steckt in einem Ständer und auf der Tannenspitze thront, in Anlehnung an den Stall in Bethlehem, oft ein Stern. Dazwischen ist alles erlaubt: echte Kerzen oder elektrische Lichterketten, glitzerndes Lametta, bunte Kugeln, Äpfel, Lebkuchen, Zuckerstangen, Sterne, Engel und andere Figuren aus Holz, Filz oder Stroh und sogar Schleifen und Girlanden.

Niedliche Glanzbilder bringen nostalgischen Charme an den Weihnachtsbaum im Märchenstil. Die Bildchen von Aschenputtel und Sterntaler werden zur Stabilisierung auf Tonpapier geklebt und mit Band aufgehängt. Fertig ist der selbst gemachte, märchenhafte Baumschmuck.

Wenn die Lichter im Baum leuchten, spiegelt sich der Glanz in den gläsernen Weihnachtskugeln wider. Sie lassen sich zu bunten Trauben und kleinen Gruppen zusammenfassen, so bekommen sie eine ganz andere Wirkung.

Wie aus dem Märchenwald! Rotkäppchen, Sterntaler und viele andere bekannte Figuren versammeln sich zum Fest an dem prachtvollen Weihnachtsbaum, der Kinderaugen zum Strahlen bringt.

Dörnröschens Spindel lässt sich aus glitzerndem Garn und Holzstäben schnell selbst basteln. Eine kleine Perle bildet den Abschuss der Spindel. Die Enden der Fäden dürfen dekorativ zwischen den Ästen herabhängen.

Neben festlichen Zapfen und Nüssen lassen sich auch funkelnde Pilze und einige Tiere aus dem Märchenwald am Baum entdecken. Zwischen Kerzen und Tannengrün kommen goldene Hasen, glitzernde Eulen, Eichhörnchen und putzige Vögel zum Vorschein.

X

Xmas

Die eingängige Kurzform für Weihnachten, die eher modern und amerikanisch anmutet und heute gerne in der Werbesprache verwendet wird, hat überraschenderweise eine lange Tradition. Im griechischen Alphabet steht das X für den ersten Buchstaben des Namen **Christus** – XPITO. Die beiden Anfangsbuchstaben XP sind, neben dem Kreuz und dem Fisch, schon seit frühchristlicher Zeit eines der bekanntesten Christussymbole. Sie wurde schon von den allerersten Christen verwendet, um ihren Glauben an Jesus darzustellen und um sich untereinander zu erkennen. In England hat sich der Brauch, X abkürzend für Jesus zu verwenden, bis heute gehalten. Auch die Kurzform Xmas wurde bereits vor mehreren hundert Jahren als Synonym für das Weihnachtsfest und die Heilige Nacht verwendet, an dem die Geburt des Christuskindes gefeiert wird. Heute ist das Wort pünktlich zum Advent wieder ganz aktuell. In diesem Sinne: Fröhliche Weihnachten oder ganz altmodisch – Merry Xmas!

Als Willkommensgruß für die Gäste oder einfach, um dunkle Nächte zu erhellen: Auf dem Terassentisch wartet ein schöner Schmuck aus roten XMAS-Filzlettern und Winterblühern. Skimmie und Christrosen stehen mit Tannegrün in Töpfen aus heller Birkenrinde.

Y

Yesterday

Unsere althergebrachten **Weihnachtsbräuche** sind Teil des Weihnachtsfestes. Und sie machen schon den Advent richtig feierlich und stimmungsvoll. Den meisten von ihnen liegt die Geburt Christi zugrunde, einige gehen aber auch auf ganz alte heidnische Licht- und Winterbräuche zurück. Im deutschsprachigen Raum gehören festlich geschmückte Straßen und Häuser dazu, genauso wie der beleuchtete Tannenbaum, die Geschenke, das Weihnachtsgebäck, festliche Musik und auch die Krippe. Schon im Mittelalter wurde die Geburtsgeschichte in Kirchen mit Bildern oder Figuren dargestellt. Daraus entstanden im 18. Jahrhundert dann Jesus, Maria und Josef, Hirten, Engel und die drei Weisen aus Papier und Holz fürs eigene Zuhause. Zeitweise war die Krippe sogar wichtiger als der Weihnachtsbaum. Jede Familie hat ihre eigene Krippe, vielleicht sogar selbst gebaut, mit Puppen, aus Holz oder Ton geformt, von der Großmutter geerbt, als Kind gebastelt oder auf dem Weihnachtsmarkt erstanden. Jedes Jahr wird die Krippe unterm leuchtenden Baum aufgestellt und liebevoll arrangiert – und damit einer von vielen liebenswerten Bräuchen bewahrt.

GLORIA IN
DEO

Z

Zapfen

Baumzapfen verströmen einen angenehm harzigen Duft und eignen sich gehängt, geklebt oder gesteckt wunderbar zum Basteln und Dekorieren. Sie fallen gleich nach der Reife zu Boden, so dass man sie pünktlich zur Weihnachtszeit nutzen kann. Zapfen lassen sich ganz leicht bei einem Spaziergang im Wald sammeln. Hierbei handelt es sich meist um die **Fruchtstände** von Fichte und Kiefer. Die Tanne bildet an ihren Zweigen auch aufrecht wachsende dekorative Zapfen, sie zerfallen aber, wenn sie reif sind. Legt man die gesammelten Exemplare in einen warmen Raum zum trocknen, öffnen sie ihre Schuppen und entfalten sich zu voller Größe. Besonders zur Weihnachtszeit kann man mit ihnen wunderbar dekorieren. Sie lassen sich zu winterlichen Girlanden aufreihen, verschönern Türkränze und Weihnachtsgestecke, können als Tisch- oder Baumschmuck verwendet werden und runden den Adventskranz ganz natürlich ab.

Knubbelige Kiefernzapfen fügen sich formschön zu einem prallen, natürlich rustikalen Kranz zusammen. Sie werden mithilfe von Heißkleber mit der Spitze an einem Strohkranz befestigt und ineinander verhakt. Mit einem Überzug aus Sprühkleber und etwas Kunstschnee bekommt der Kerzenkranz einen frostigen Schimmer.

Schmuck aus der Natur

Wie ein wertvolles Exponat steht der große Pinienzapfen hinter Glas. Edel angerichtet auf einem silbernen Tablett und umspielt von Moos und Kerzen, wird das Einzelstück zum kunstvollen Schmuck in der Adventszeit.

Lust auf einen Spaziergang durch den Zapfenwald? Bei Tisch kann man einfach im Sitzen lustwandeln: durch einen kleinen Hain aus moosgefüllten Töpfen, in denen, von klein bis groß, ganz verschiedene Zapfen stecken.

Zapfen

So werden besondere Prachtexemplare zu originellen Kerzenständern. Die Zapfen sind weich und sicher auf Moos gebettet. Sie werden oben angebohrt und mit einem Kerzenhalter versehen. Heißkleber hilft beim Befestigen.

Im Wald gesammelte Zapfen werden in einem mit Flechten, Thuja- und Kiefernnadeln gepolsterten Korb zum dekorativen Winternest im Freien. In der Dämmerung erstrahlen die Fundstücke im Kerzenschein, dafür sorgt ein gläsernes Windlicht.

Impressum

Herausgeber BLOOM's GmbH, Ratingen

Styling Klaus Wagener (Ltg.), BLOOM's-Team

Konzeption Karen Meier-Ebert, Mandy Schubert

Text Catrin Rötzmeier

Redaktion Catrin Rötzmeier, Karen Meier-Ebert

Fotos Patrick Pantze Images GmbH, Lage

Grafik Design Mandy Schubert

DTP Bettina Münch

Druck Egedsa, Sabadell (E)

Weitere Fotos: Fotolia: Cover (lily, Gorilla), S. 2 (Gorilla), S. 9 (Liv Friis-larsen), S. 11 (varts), S. 12 (nanigani), S. 14 (S. Rae), S. 17 (Christian Jung), S. 23 (babsi_w), S. 25, 27 (Vera Kuttelvaserova), S. 29 (Kati Molin), S. 37 (Silvano Rebai), S. 39 (kaphotokevm1), S. 41 (lagom), S. 42 (Andreas Gradin), S. 44 (Piotr Wawrzyniuk), S. 55, 56, 57 (Anterovium), S. 57 (Elena Schweitzer), S. 69 (eyetronic) S. 73, 74 (Christian Jung), S. 75 (dusk), S. 78 (Jenny Sturm [2]), S. 79 (redhorst), S. 94 (lily), S. 113 (Alexander Hoffmann), Vor- und Nachsatzpapier (BeTa-Artworks); Greengate: S. 46 (2), S. 71; Stars for Europe: S. 81, 82, 83, 84

Vektoren: Fotolia: S. 3, 8, 16 ff., 38, 64 ff., 80 ff., 98 ff., 104 ff. (Lana), S. 4 ff. (TAlex), S. 10 ff. (Olivier Le Moal), S. 24 ff. (Andreas Meyer), S. 32 ff., 110 (natbleu), S. 40 ff. (aalto), S. 70 (PrintingSociety), S. 86 ff. (beaubelle), S. 112 (Dmitry Remesov), S. 114 ff. (stuffwemakt.info)

Schrift: Orial by Salman Boosty, www.dafont.com (Titel, S. 1, 4, 40, 64, 104, 108)

Wollgrasweg 41
70599 Stuttgart (Hohenheim)
E-Mail: info@ulmer.de
Internet: www.ulmer.de

Karen Meier-Ebert und Catrin Rötzmeier lieben Weihnachten und die festliche Adventszeit. Als Lifestyle-Redakteurinnen des Magazins BLOOM's beschäftigen sie sich täglich mit allem, was das eigene Zuhause schöner macht. Zusammen mit dem BLOOM's-Team zeigen sie immer wieder neue unkomplizierte Deko- und Geschenkideen und inspirieren die Leser zum Nachmachen. Weihnachtsdekoration und Festtagsschmuck sind für beide eine besonders schöne und spannende Herausforderung.

1. Auflage 2013
ISBN: 978-3-8001-7797-4